Impressum
Verlag: BABADADA GmbH, Nedderfeld 112 , 22529 Hamburg
Geschäftsführer / Verlagsleitung: Harald Hof
Druck: Books on Demand GmbH, In de Tarpen 42, 22848 Norderstedt

Imprint
Publisher: BABADADA GmbH, Nedderfeld 112 , 22529 Hamburg, Germany
Managing Director / Publishing direction: Harald Hof
Print: Books on Demand GmbH, In de Tarpen 42, 22848 Norderstedt, Germany

школа

المدرسة

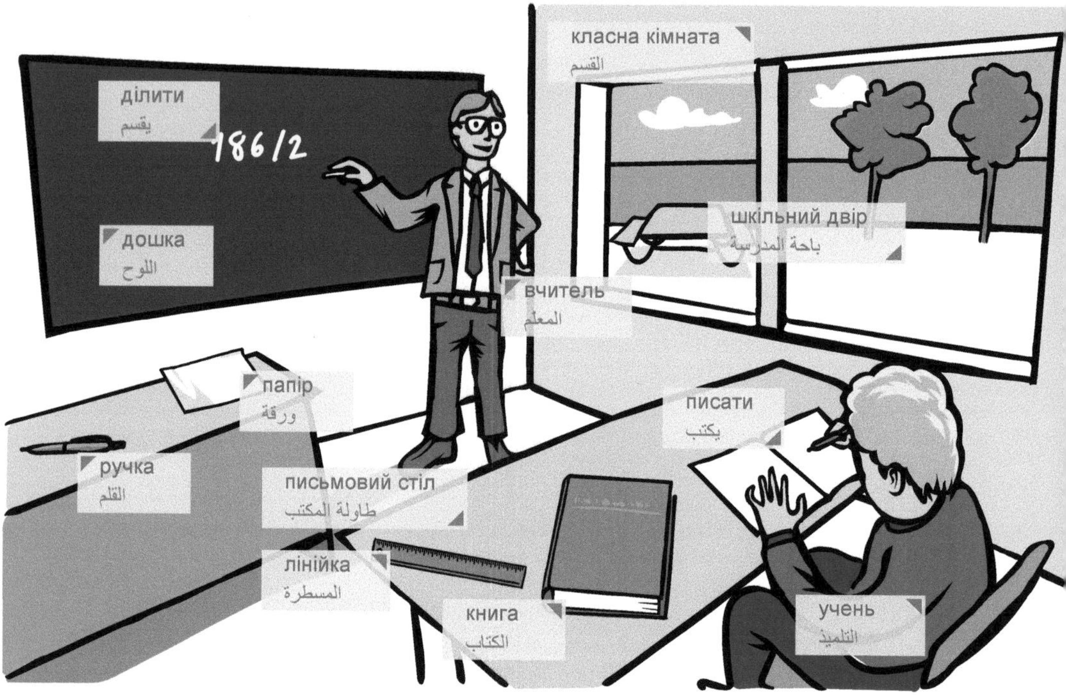

ділити
يقسم
186/2
класна кімната
القسم
дошка
اللوح
шкільний двір
باحة المدرسة
вчитель
المعلم
папір
ورقة
писати
يكتب
ручка
القلم
письмовий стіл
طاولة المكتب
лінійка
المسطرة
книга
الكتاب
учень
التلميذ

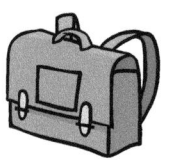

ранець

الحقيبة المدرسية

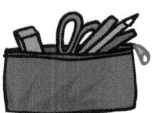

пенал

المقلمة

олівець

قلم الرصاص

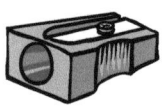

точило

البرّاية

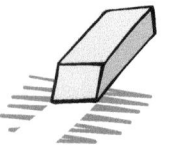

гумка

المِمحاة

альбом для малювання

دفتر الرسم

малюнок

الرسمة

пензель

الفرشاة

коробка фарб

علبة التلوين

ножиці

المقص

клей

المادة اللاصقة

зошит

دفتر التمارين

домашнє завдання

الواجب المدرسي

число

الرقم

додавати

يجمع

віднімати

يطرح

множити

يضرب

рахувати

يحسب

літера

الحرف

абетка

الأبجدية

слово

كلمة

текст

النص

читати

يقرأ

крейда

الطبشور

година

الحصة

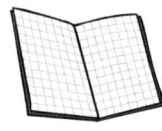

класний журнал

دفتر الدوام المدرسي

екзамен

الامتحان

диплом

شهادة

шкільна форма

اللباس المدرسي

освіта

التعليم

лексикон

الموسوعة

університет

الجامعة

мікроскоп

المجهر

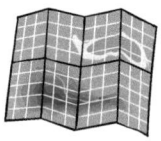

карта

الخريطة

кошик для паперу

قماما

подорож

سفر

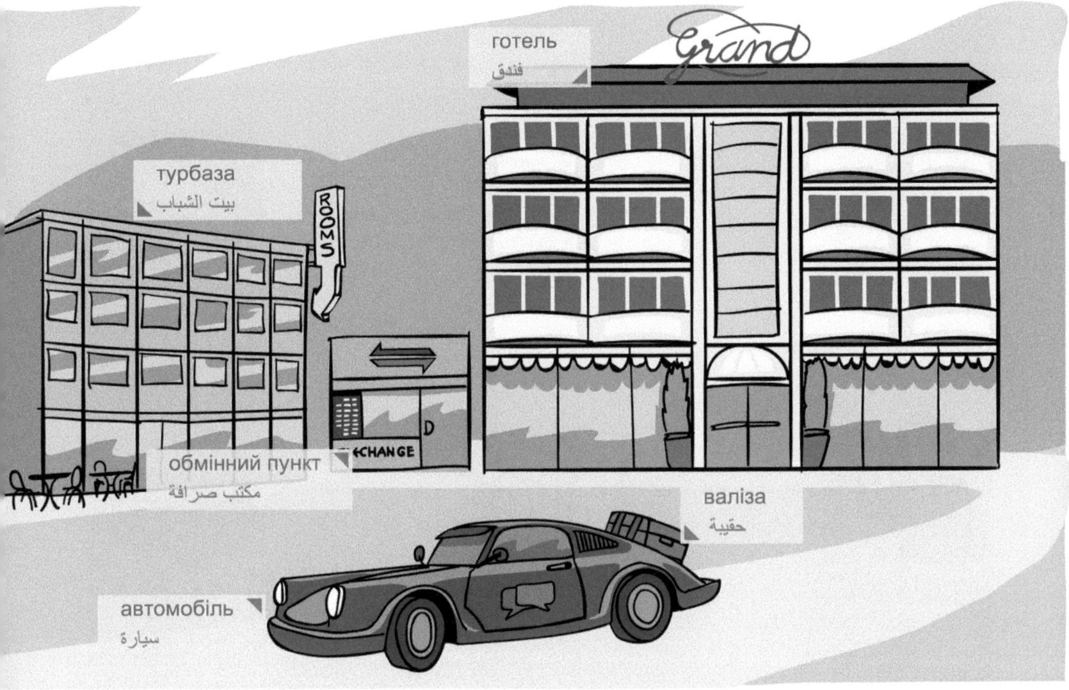
готель
فندق
Grand
турбаза
بيت الشباب
ROOMS
обмінний пункт
مكتب صرافة
валіза
حقيبة
автомобіль
سيارة

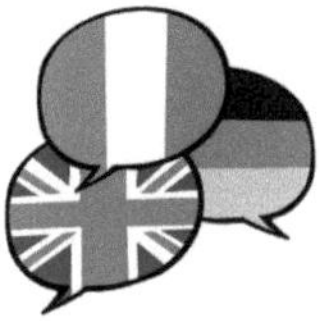

мова

اللغة

так / ні

نعم / لا

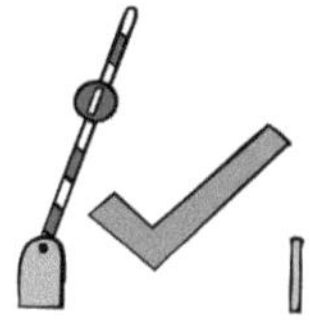

добре

حسناً

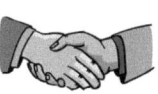

привіт

مرحباً

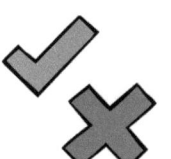

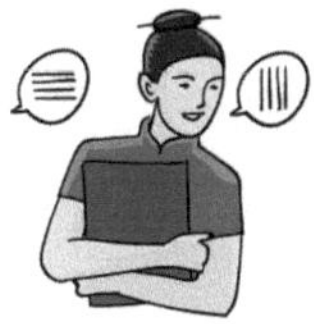

перекладач

مترجم

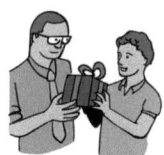

дякую

شكراً

Скільки коштує ...?

كم ثمن ... ؟

Я не розумію

لا أفهم

проблема

مشكلة

Добрий вечір!

مساء الخير

Доброго ранку!

صباح الخير!

На добраніч!

ليلة سعيدة

До побачення

إلى اللقاء

напрямок

اتجاه

багаж

أمتعة السفر

сумка

حقيبة

рюкзак

حقيبة ظهر

гість

ضيف

кімната

غرفة

спальний мішок

كيس للنوم

намет

خيمة

туристична інформація

استعلامات سياحية

пляж

شاطئ

кредитна картка

بطاقة ائتمان

сніданок

إفطار

обід

طعام الغداء

вечеря

العشاء

квиток

بطاقة سفر

ліфт

مصعد

поштова марка

طابع بريدي

межа

حدود

митниця

الجمارك

посольство

سفارة

віза

تأشيرة

паспорт

جواز سفر

транспорт

نقل

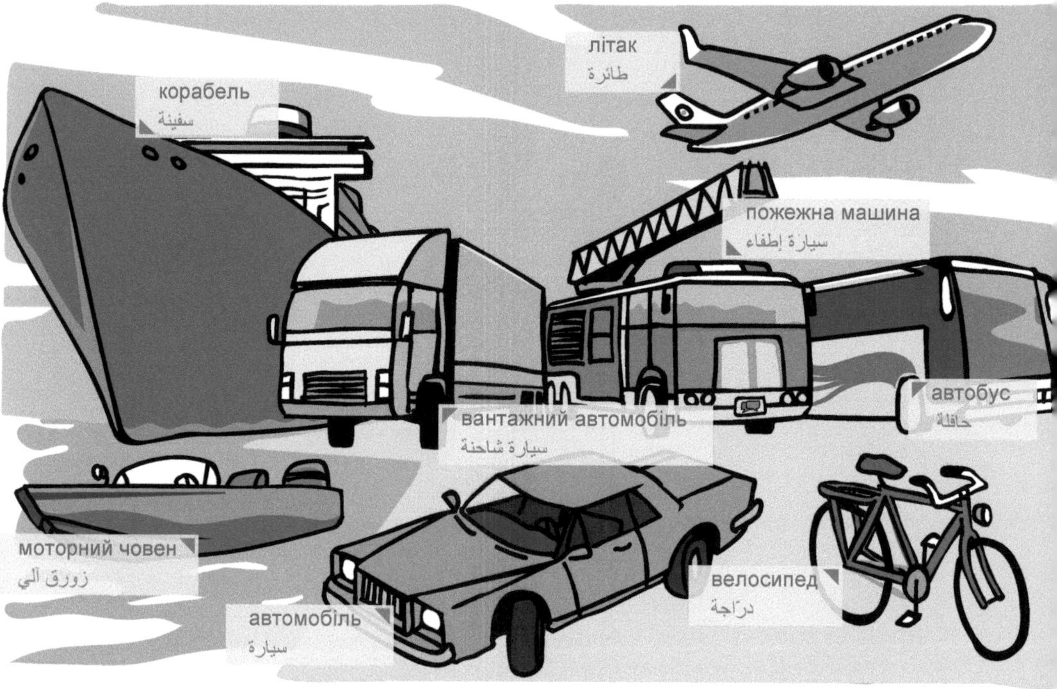

літак
طائرة
корабель
سفينة
пожежна машина
سيارة إطفاء
автобус
حافلة
вантажний автомобіль
سيارة شاحنة
моторний човен
زورق آلي
велосипед
درّاجة
автомобіль
سيارة

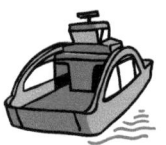

пором

عبارة

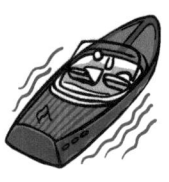

човен

قارب

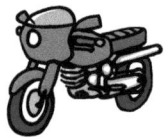

мотоцикл

دراجة نارية

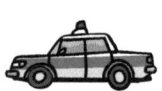

поліцейська машина

سيارة شرطة

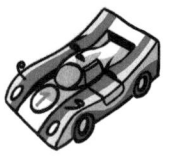

гоночний автомобіль

سيارة سباق

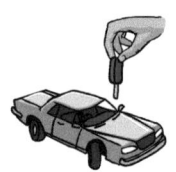

автомобіль на прокат

سيارة مستأجرة

пільне користування авто

أسلوب تشاركي في استئجار السيارات

евакуатор

سيارة للجر

сміттєвоз

سيارة نقل القمامة

двигун

محرك

паливо

وقود

автозаправна станція

محطة وقود

дорожній знак

إشارة مرور

рух

حركة السير

затор

ازدحام سير

стоянка

موقف سيارات

вокзал

محطة قطار

рейки

سكك حديدية

потяг

قطار

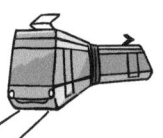

трамвай

ترام

вагон

عربة قطار

гелікоптер

طائرة مروحية

аеропорт

مطار

вежа

برج

пасажир

مسافر

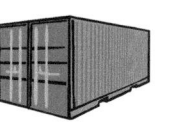

контейнер

حاوية

коробка

علبة كرتون

візок

عربة يد

кошик

سلّة

стартувати / приземлятися

يقلع / يهبط

МІСТО

مدينة

село

قرية

центр міста

مركز المدينة

дім

بيت

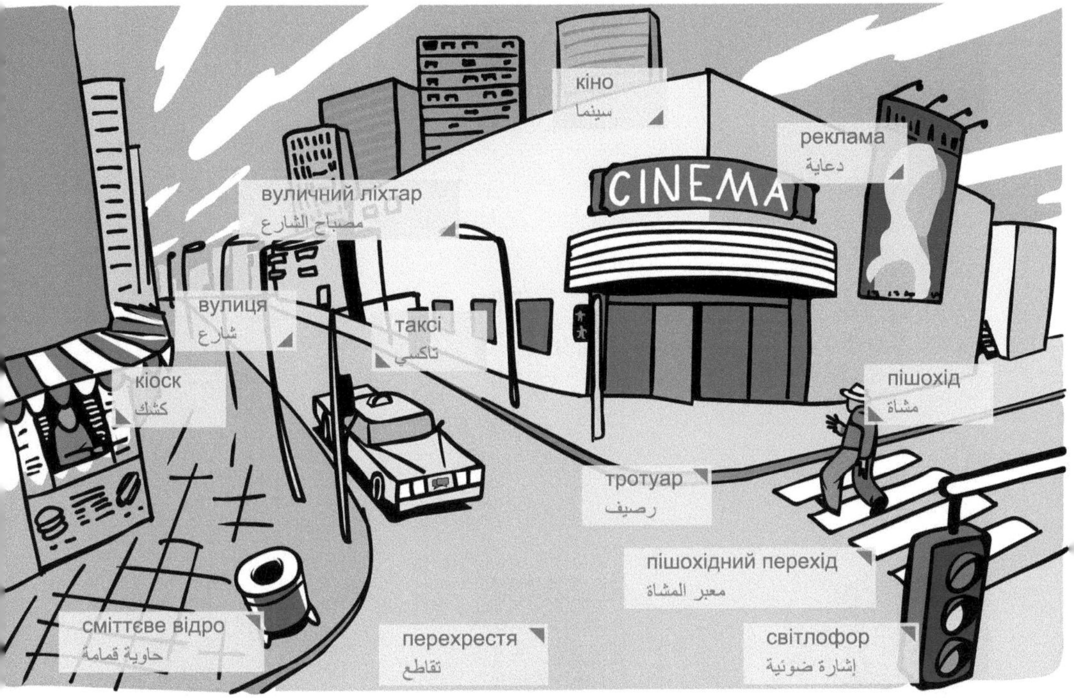
кіно
سينما
CINEMA
реклама
دعاية
вуличний ліхтар
مصباح الشارع
вулиця
شارع
таксі
تاكسي
кіоск
كشك
пішохід
مشاة
тротуар
رصيف
пішохідний перехід
معبر المشاة
сміттєве відро
حاوية قمامة
перехрестя
تقاطع
світлофор
إشارة ضوئية

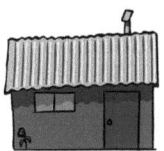

хатина

كوخ

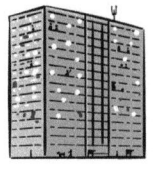

квартира

شقة

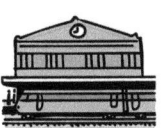

вокзал

محطة قطار

ратуша

دار البلدية

MUSEUM

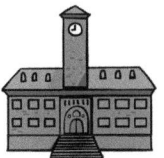

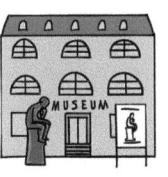

музей

متحف

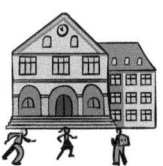

школа

المدرسة

університет

الجامعة

банк

مصرف

лікарня

المستشفى

готель

فندق

аптека

صيدلية

офіс

مكتب

книжковий магазин

مكتبة

магазин

متجر

квітковий магазин

محل لبيع الزهور

супермаркет

سوبرماركت

ринок

سوق

універмаг

متجر كبير

торговець рибою

تاجر السمك

торговельний центр

مركز تسوّق

гавань

ميناء

парк

حديقة عامة

лава

مقعد

міст

جسر

сходи

درج، سلم

метро

مترو

тунель

نفق

автобусна зупинка

موقف حافلات

бар

بار

ресторан

مطعم

поштова скринька

صندوق البريد

вулична табличка

لافتة باسم الشارع

лічильник паркування

مقياس زمن الوقوف

зоопарк

حديقة حيوانات

басейн

مسبح

мечеть

مسجد

ферма

مزرعة

забруднення навколишнього середовища

تلوث البيئة

кладовище

مقبرة

церква

كنيسة

дитячий майданчик

ملعب الأطفال

храм

معبد

ландшафт

طبيعة ريفية

листок

ورقة

вказівний стовп

علامة إرشاد

шлях

طريق

луг

مرج

камінь

حجر

дерево

شجرة

мандрівник

رحالة

річка

نهر

трава

عشب

квітка

زهرة

долина

وادٍ

гора

جبل

озеро

بحيرة

ліс

غابة

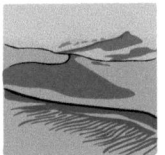

пустеля

صحراء

вулкан

بركان

замок

قلعة

веселка

قوس قزح

гриб

فطر

пальма

نخلة

комар

بعوض

муха

ذبابة

мурашка

نملة

бджола

نحلة

павук

عنكبوت

жук

خنفساء

жаба

ضفدعة

вивірка

سنجاب

їжак

قنفذ

заєць

أرنب

сова

بومة

птах

عصفور

лебідь

بجعة

кабан

خنزير بَرّي

олень

غزال

лось

إلكة

гребля

سد

вітряк

دولاب الطاحونة الهوائية

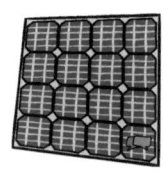

сонячний модуль

خلية شمسية

клімат

مناخ

ресторан
مطعم

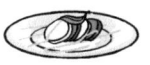

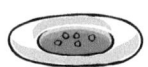

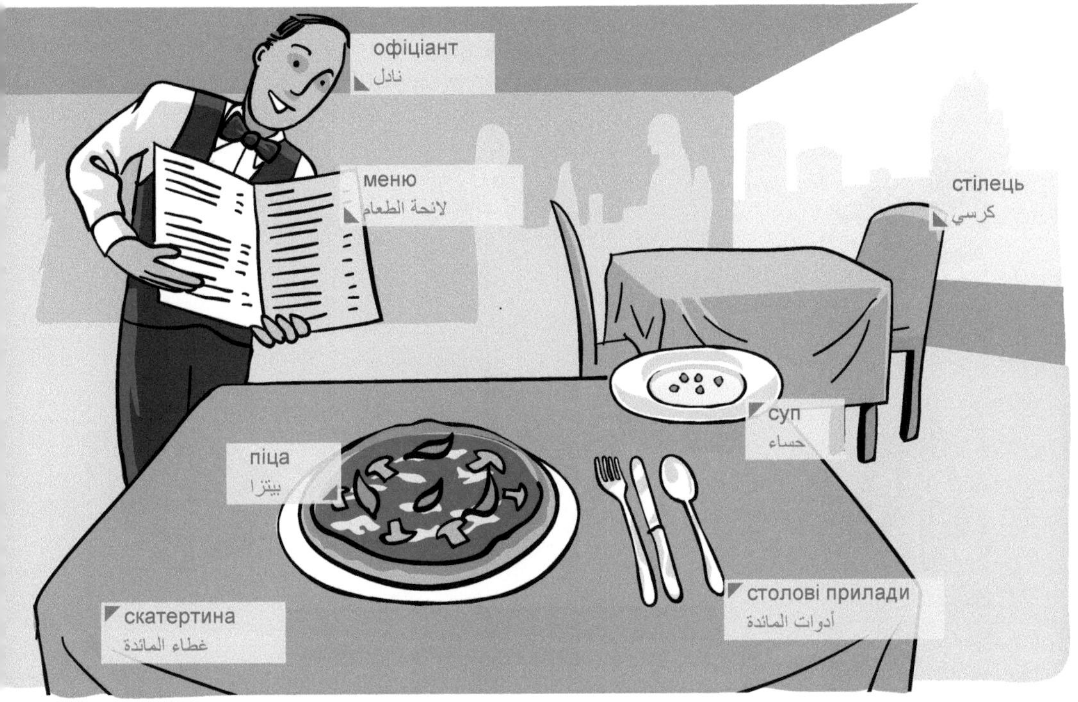
офіціант
نادل
меню
لائحة الطعام
стілець
كرسي
суп
حساء
піца
بيتزا
скатертина
غطاء المائدة
столові прилади
أدوات المائدة

закуска

مقبلات

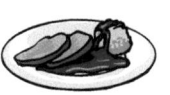

друга страва

الصحن الرئيسي

десерт

حلوى أو فاكهة بعد الطعام

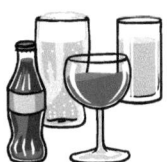

напої

مشروبات

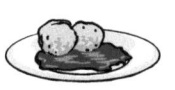

їжа

طعام

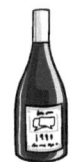

пляшка

زجاجة

фаст-фуд

وجبات سريعة

вулична їжа

طعام الشارع

чайник

إبريق الشاي

цукорниця

علبة السكر

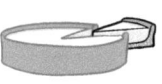

порція

حصّة

еспресо-машина

آلة الإسبريسو

високий стільчик

كرسي عالٍ

рахунок

فاتورة

піднос

صينية

ніж

سكين

вилка

شوكة

ложка

ملعقة

чайна ложка

ملعقة الشاي

серветка

منديل المائدة

склянка

كأس

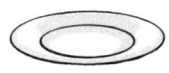

тарілка

صحن

тарілка для супу

صحن الحساء

блюдце

صحن الفنجان

соус

صلصة

солонка

مملحة

млин для перцю

مطحنة الفلفل

оцет

خلّ

масло

زيت الطعام

спеції

توابل

кетчуп

كتشاب

гірчиця

خردل

майонез

مايونيز

супермаркет

سوبرماركت

пропозиція
عرض خاص
FOR
клієнт
زبون
молочні продукти
مشتقات الحليب
фрукти
فواكه
візок для покупок
عربة تسوق

BUTCHERS

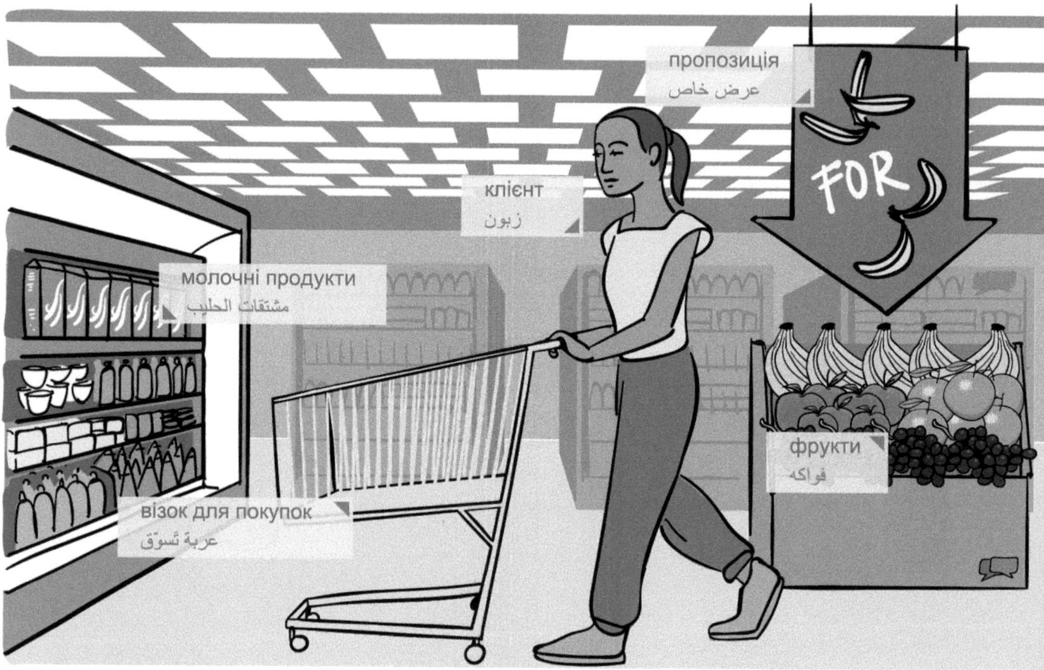

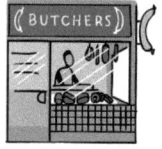

м'ясний магазин

جزّار

BAKERY

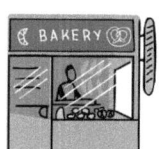

пекарня

مخبز

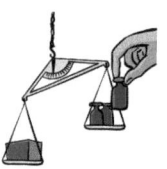

зважувати

يزن

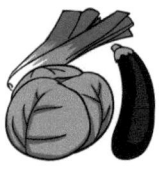

овочі

خضار

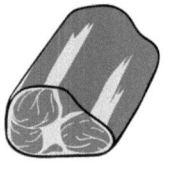

м'ясо

لحم

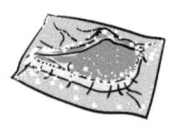

заморожені продукти

المأكولات المجمّدة

ковбасна нарізка

مرتدلا أو جبن

консерви

معلّبات

пральний порошок

مسحوق الغسيل

солодощі

حلويات

предмети домашнього побуту

المواد المنزلية

мийний засіб

منظّفات

продавщиця

بائعة

каса

صندوق الحساب

касир

أمين صندوق

список покупок

قائمة المشتريات

часи роботи

أوقات العمل

гаманець

محفظة النقود

кредитна картка

بطاقة ائتمان

сумка

حقيبة

поліетиленовий пакет

كيس بلاستيكي

вода

ماء

сік

عصير

молоко

حليب

кола

كولا

вино

نبيذ

пиво

بيرة

алкоголь

كحول

какао

كاكاو

чай

شاي

кава

قهوة

еспресо

قهوة إسبريسو

капучіно

كابوتشينو

банан

موزة

яблуко

تفاح

апельсин

برتقال

кавун

بطيخ

лимон

ليمون

морква

جزرة

часник

ثوم

бамбук

خيزران

цибуля

بصل

гриб

فطر

горішки

لوزيات

локшина

شعيرية

спагеті

سباغيتي

рис

أرزّ

салат

سلطة

картопля фрі

بطاطا مقلية

смажена картопля

بطاطا مقلية

піца

بيتزا

гамбургер

هامبورغر

бутерброд

ساندويش

шніцель

شريحة لحم مقلية

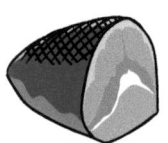

шинка

لحم خنزير

салямі

سلامي

ковбаса

سجق

курка

دجاج

печеня

لحم محمر

риба

سمك

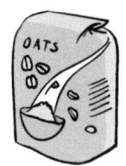

вівсяні пластівці

دقيق الشوفان

мюслі

موسلي

кукурудзяні пластівці

كورن فلكس

борошно

طحين

круасан

كرواسان

булочка

خبز صغير

хліб

خبز

тостовий хліб

خبز محمص

печиво

بسكويت

масло

زبدة

сир

لبن زبادي

пиріг

كعكة

яйце

بيضة

яєчня

بيض مقلي

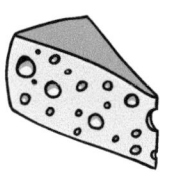

сир

جبنة

морозиво

مثلجات

цукор

سكر

мед

عسل

мармелад

مربّى الفاكهة

нуга-крем

كريم النوغا

карі

الكاري

ферма
مزرعة

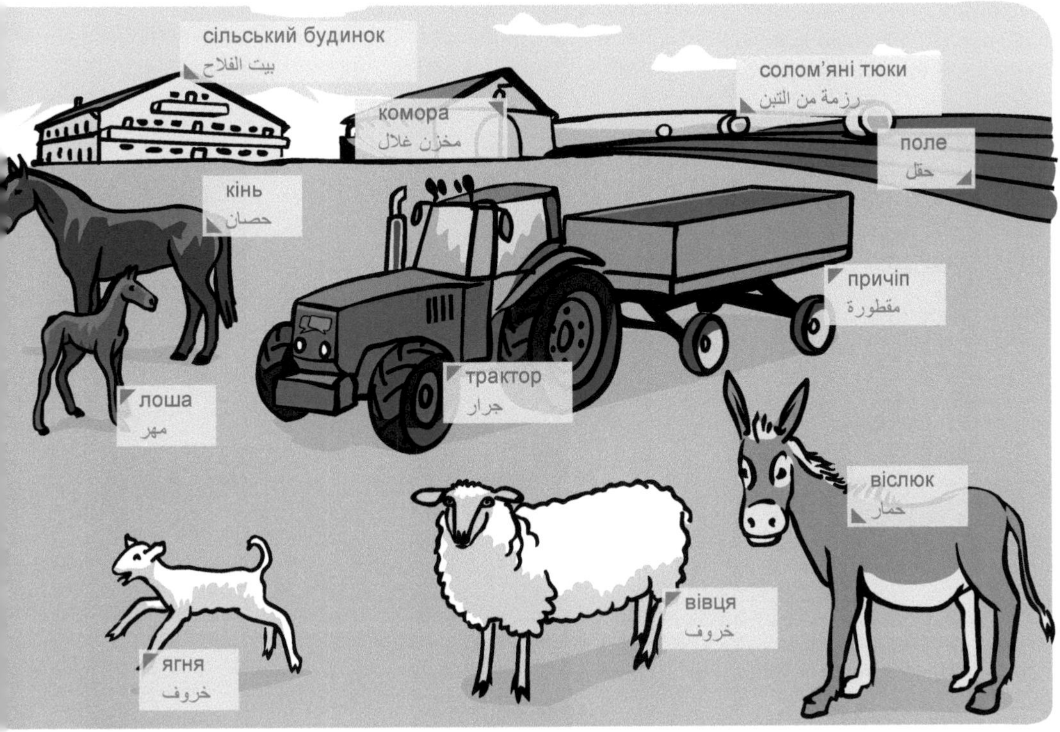
сільський будинок
بيت الفلاح
солом'яні тюки
رزمة من التبن
комора
مخزن غلال
поле
حقل
кінь
حصان
причіп
مقطورة
трактор
جرار
лоша
مهر
віслюк
حمار
вівця
خروف
ягня
خروف

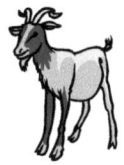

коза

ماعز

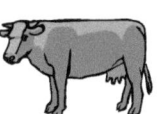

корова

بقرة

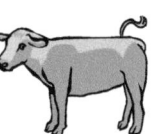

теля

عجل

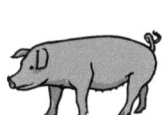

свиня

خنزير

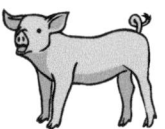

порося

خنزير صغير

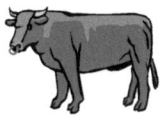

бик

ثور

гусак

إوزّة

качка

بطة

курча

صوص

курка

دجاجة

півень

ديك

щур

جرذ

кіт

قطة

миша

فأر

віл

ثور

собака

كلب

собача будка

كوخ الكلب

садовий шланг

خرطوم الحديقة

лійка

إبريق

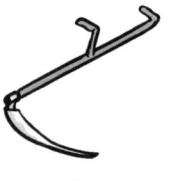

коса

منجل

плуг

المحراث

серп

منجل

мотика

معزقة

вила

مذراة الزبل

сокира

بلطة

тачка

عربة يد

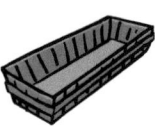

корито

معلف

бідон молока

صفيحة الحليب

мішок

كيس

паркан

سياج

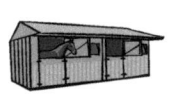

хлів

اصطبل

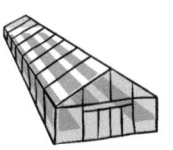

теплиця

دفيئة

ґрунт

تربة

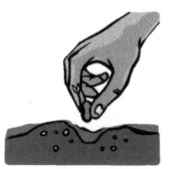

насіння

بذور

добриво

سماد

комбайн

حصّادة درّاسة

пожинати

يحصد

урожай

محصول

корінь ямсу

بطاطا يامس

пшениця

قمح

соя

صويا

картопля

بطاطا

кукурудза

ذرة

ріпак

سلجم

плодове дерево

شجرة فاكهة

маніок

نبات منيهوت

злаки

الحبوب

дім

بيت

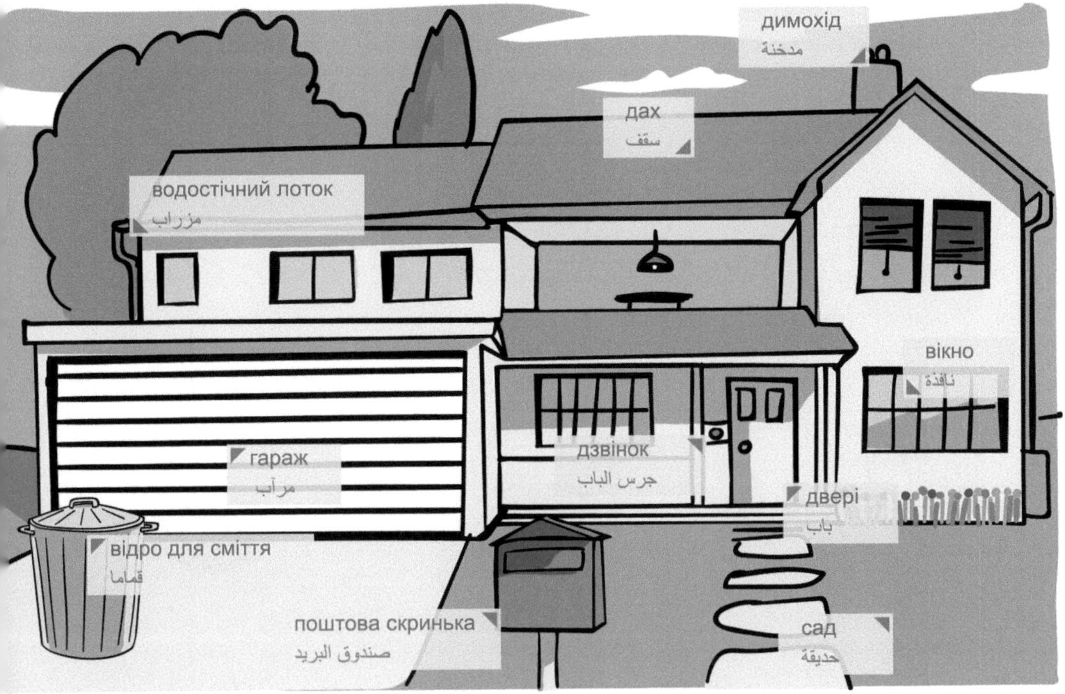
димохід
مدخنة
дах
سقف
водостічний лоток
مزراب
вікно
نافذة
гараж
مرآب
дзвінок
جرس الباب
двері
باب
відро для сміття
قمامة
поштова скринька
صندوق البريد
сад
حديقة

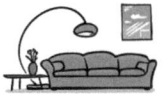

вітальня

غرفة جلوس

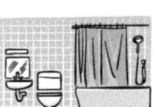

ванна кімната

الحمّام

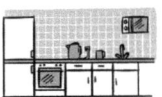

кухня

مطبخ

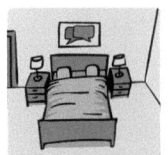

спальня

غرفة النوم

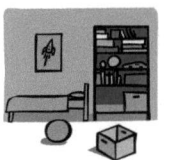

дитяча кімната

غرفة الأطفال

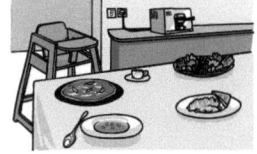

їдальня

غرفة الطعام

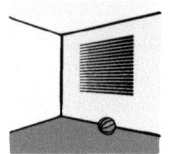

підлога

أرضية

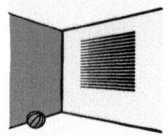

стіна

حائط

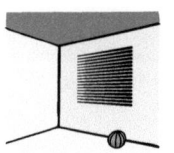

стеля

سقف

підвал

قبو

сауна

ساونا

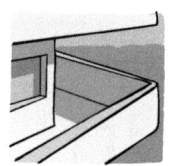

балкон

بلكون

тераса

شرفة

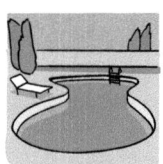

басейн

مسبح

косарка

جزّازة العشب

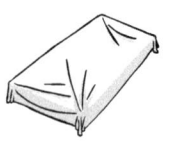

простирало

بياضات السرير

ковдра

بطانية

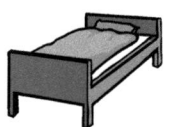

ліжко

سرير

мітла

مكنسة

відро

سطل

перемикач

مفتاح كهرباني

вітальня
غرفة جلوس

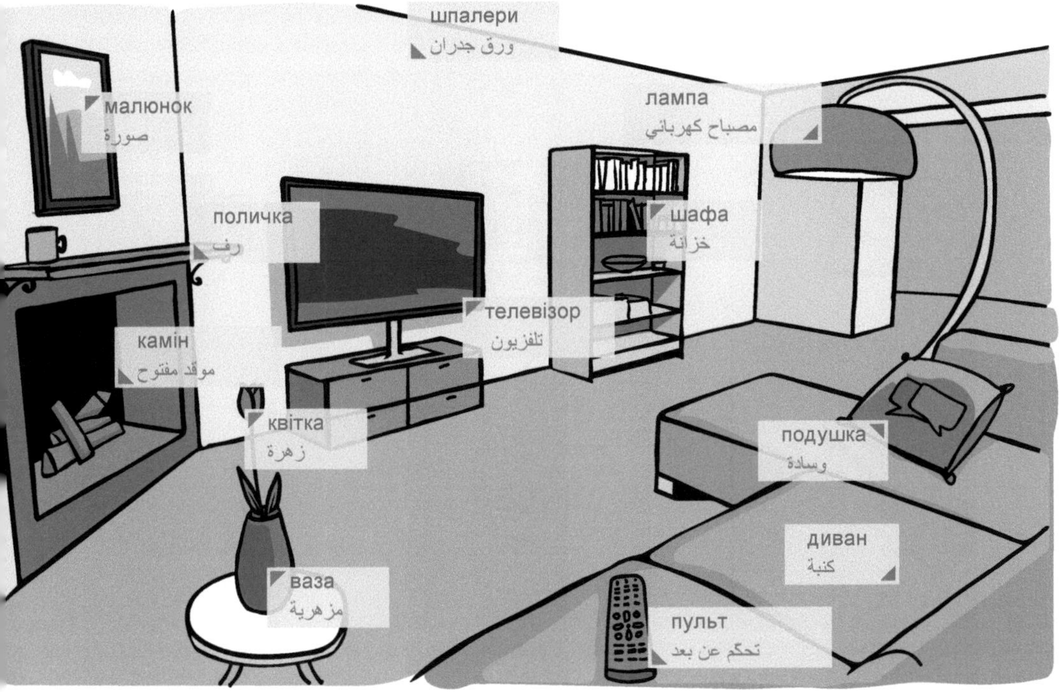
шпалери
ورق جدران
малюнок
صورة
лампа
مصباح كهربائي
поличка
رف
шафа
خزانة
телевізор
تلفزيون
камін
موقد مفتوح
квітка
زهرة
подушка
وسادة
диван
كنبة
ваза
مزهرية
пульт
تحكم عن بعد

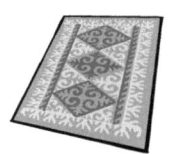

килим

بصاط

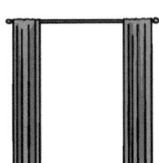

завіса

ستارة

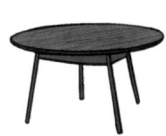

стіл

طاولة

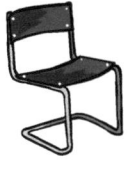

стілець

كرسي

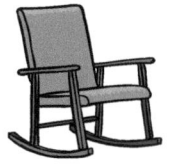

крісло-гойдалка

كرسي هزّاز

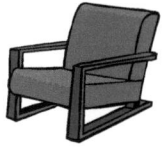

крісло

كرسي ذو ذراعين

книга

الكتاب

ковдра

بطانية

прикраса

زخرفة

дрова

الحطب

фільм

فيلم

стереосистема

تجهيزات ستيريو

ключ

مفتاح

газета

جريدة

картина

لوحة مرسومة

плакат

مُلصق

радіо

راديو

блокнот

دفتر ملاحظات

пилосос

المكنسة الكهربائية

кактус

صبّار

свічка

شمعة

кухня
مطبخ

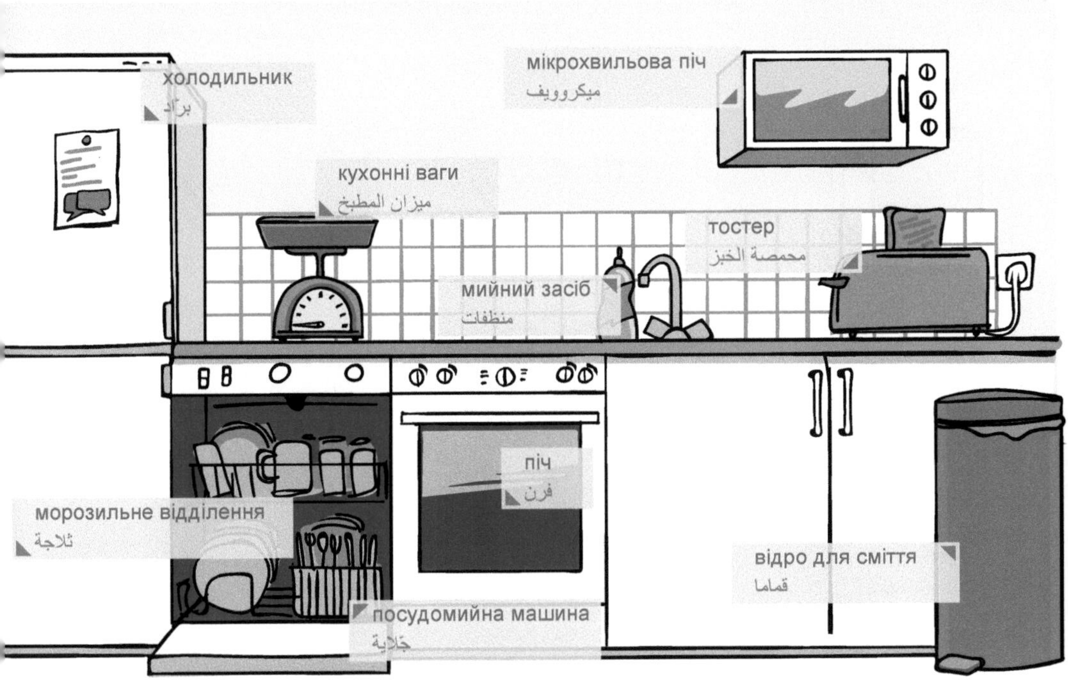
холодильник
برّاد
мікрохвильова піч
ميكروويف
кухонні ваги
ميزان المطبخ
тостер
محمصة الخبز
мийний засіб
منظفات
піч
فرن
морозильне відділення
ثلاجة
відро для сміття
قمامة
посудомийна машина
جَلاية

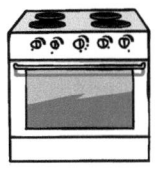

плита

موقد

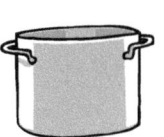

горщик

قِدر

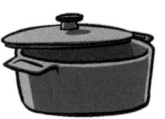

чавунний горщик

وعاء من الحديد

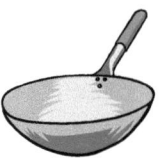

вок / кадай

قدر صيني

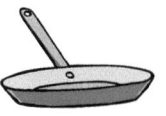

сковорода

مقلاة

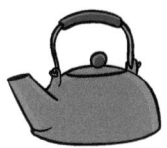

чайник

غلاية

пароварка

قدر البخار

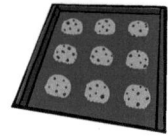

лист

صينية

посуд

أواني

кухоль

فنجان

чаша

صحن

палички для їжі

عيدان الأكل

черпак

مغرفة

лопатка

ملعقة منبسطة

вінчик для збивання

خفاقة

сито

مصفاة

сито

مصفاة

терка

مبشّرة

ступка

هاون

барбекю

شواء

багаття

موقد

дошка

لوح التقطيع

качалка

نشّابة

штопор

مفتاح الزجاجات

конзерва

علبة

відкривачка

مفتاح العلب المعدنية

прихватки

قماش الفرن

раковина

مجلى

щітка

فرشاة

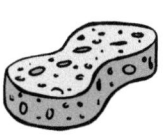

губка

إسفنج

міксер

خلاط

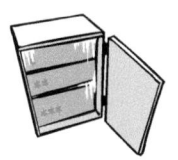

морозильна камера

مجمّدة

дитяча пляшка

زجاجة الطفل

кран

صنبور الماء

ванна кімната

الحمّام

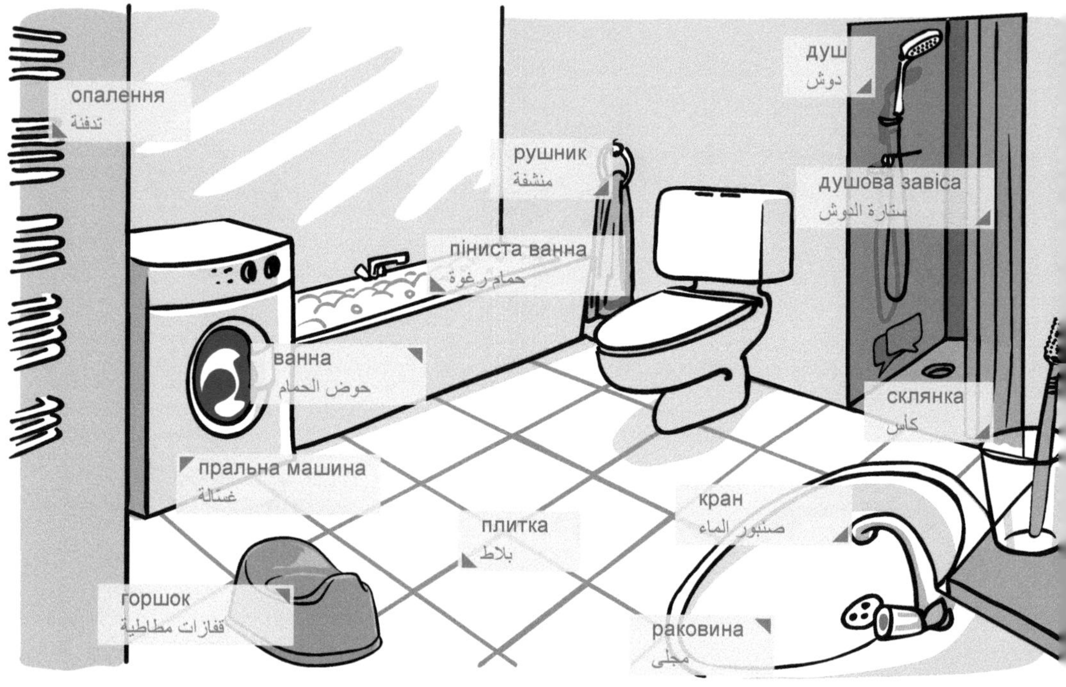

опалення
تدفئة
рушник
منشفة
душ
دوش
душова завіса
ستارة الدوش
піниста ванна
حمام رغوة
ванна
حوض الحمام
склянка
كأس
пральна машина
غسّالة
кран
صنبور الماء
плитка
بلاط
горшок
قفازات مطاطية
раковина
مجلى

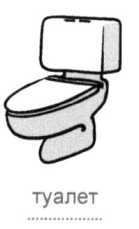

туалет

حمام

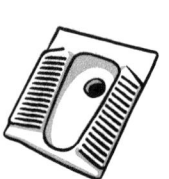

підлоговий туалет

مرحاض القرفصاء

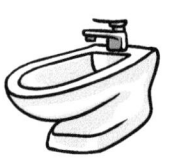

біде

حوض التشطيف

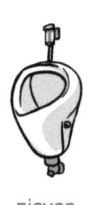

пісуар

مبولة

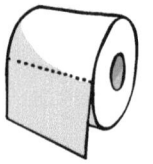

туалетний папір

ورق المرحاض

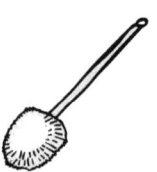

щітка для туалету

فرشاة الحمام

зубна щітка

فرشاة الأسنان

зубна паста

معجون الأسنان

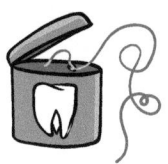

нитка для чищення зубів

خيط حرير لتنظيف الأسنان

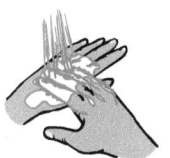

мити

يغسل

ручний душ

رشاش ماء يدوي

інтимний душ

شطاف

таз

حوض الغسيل

щітка для спини

فرشاة الظهر

мило

صابون

гель для душу

جيل الدوش

шампунь

شامبو

мочалка

ممسحة

водостік

مصرف للماء

крем

مرهم

дезодорант

مزيل الروائح

дзеркало

مرآة

косметичне дзеркало

مرآة يد

бритва

موس حلاقة

піна для гоління

رغوة الحلاقة

лосьйон після гоління

كولونيا

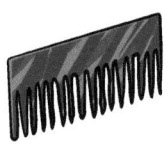

гребінь

مشط

щітка

فرشاة

фен

سشوار

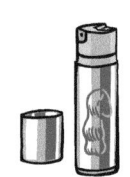

лак для волосся

مثبت للشعر

косметика

ماكياج

губна помада

روج

лак для нігтів

طلاء أظافر

вата

قطن

ножиці для нігтів

مقص أظافر

парфум

عطر

косметичка

سلّة الغسيل

табурет

مقعد صغير

ваги

ميزان

халат

معطف الحمام

гумові рукавички

قفازات مطاطية

тампон

سدادة قطنية

гігієнічні прокладки

منشفة صحية

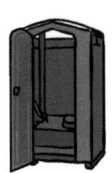

біотуалет

تواليت كيميائية

дитяча кімната

غرفة الأطفال

будильник
منبه
м'яка іграшка
الحيوانات المحنطة
іграшковий автомобіль
سيارة لعبة
брязкальце
خشخشة
ляльковий будиночок
بيت الدمى
подарунок
هدية

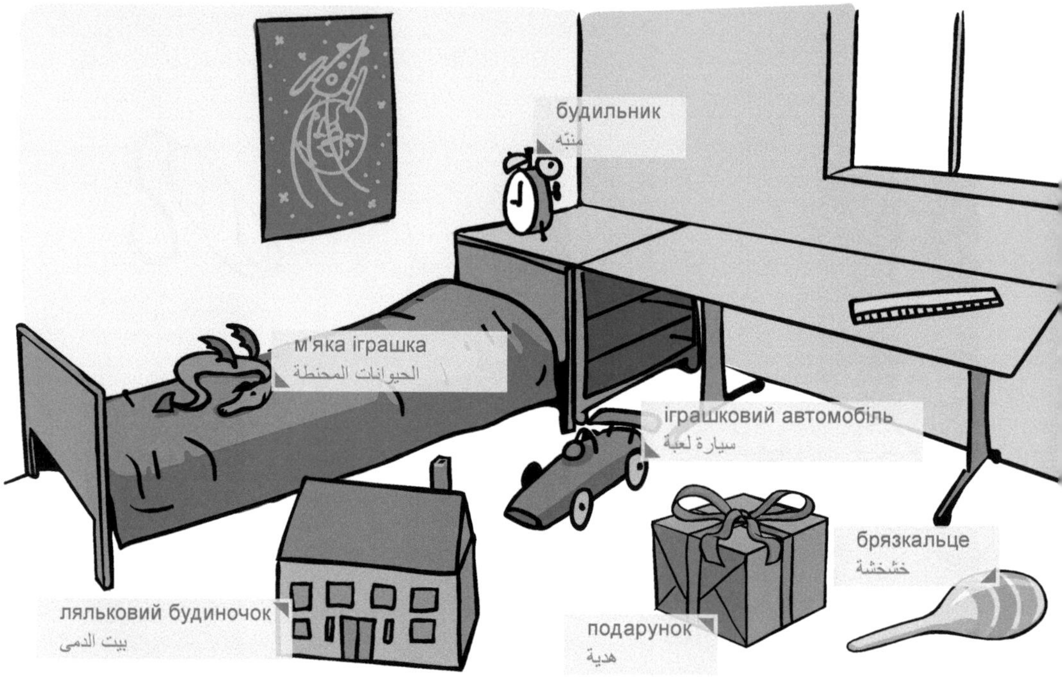

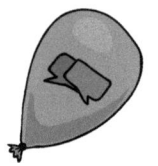

повітряна кулька

بالون

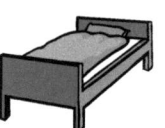

ліжко

سرير

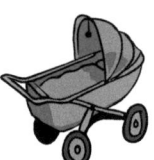

дитячий візок

عربة الأطفال

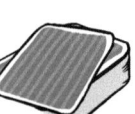

картярська гра

لعبة الورق

пазл

أحجية

SUPER
MEGA

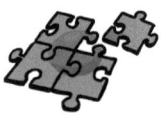

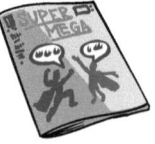

комікс

رسوم هزلية

лего цеглинки

أحجار الليغو

блоки

حجارة تركيب

іграшкова фігурка

دمية بطل

повзунки

لباس الطفل

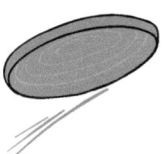

фризбі

فريسبي

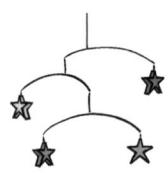

мобіле

دمية معلّقة

настільна гра

لعبة الطاولة

кубик

لعبة النرد

модель залізнична станція

لعبة قطار

соска

مصّاصة

вечірка

حفلة

книжка з картинками

كتاب مصوّر

м'яч

كرة

лялька

دمية

грати

يلعب

пісочниця

ملعب رملي للأطفال

гойдалка

أرجوحة

іграшка

لعبة

гральна консоль

ألعاب فيديو

триколісний велосипед

دراجة ثلاثية

плюшевий мішка

دمية على شكل الدب

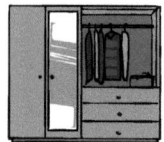

шафа

خزانة الثياب

ОДЯГ

ثياب

шкарпетки

جوارب قصيرة

панчохи

جوارب طويلة

колготки

جورب بنطلون

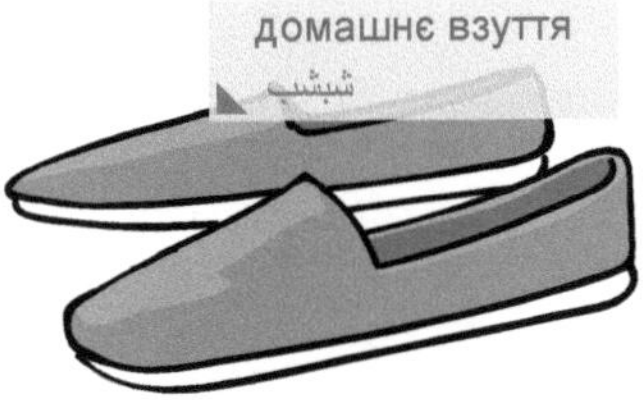

шарф
شال

парасоля
شمسية

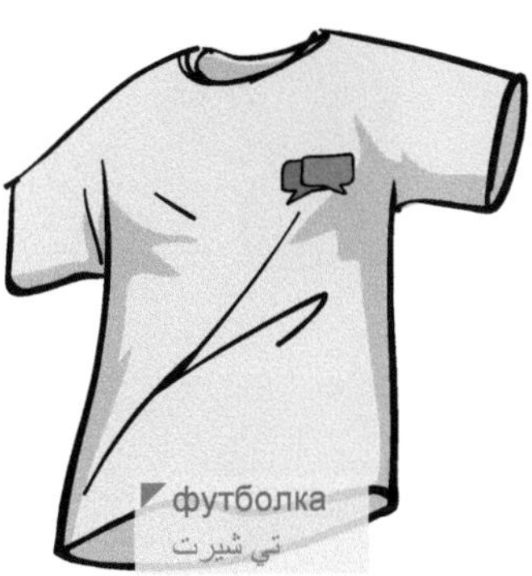

футболка
تي شيرت

ремінь
حزام

чоботи
حذاء شتوي

домашнє взуття
شبشب

кросівки
أحذية رياضية

сандалі
....
صندل

взуття
....
حذاء

гумові чоботи
....
جزمة كاوتشوك

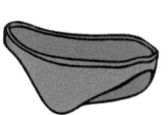

труси
....
سروال داخلي

бюстгальтер
....
صدّارة

нижня сорочка
....
قميص داخلي

боді

لباس ملاصق للجسم

штани

بنطلون

джинси

جينز

спідниця

تنورة

блузка

بلوزة

сорочка

قميص

пуловер

سترة قطنية

светр

كنزة كم طويل

піджак

سترة فضفاضة

куртка

سترة

пальто

معطف

дощовик

معطف مطري

костюм

زي - طقم نسائي

сукня

ثوب

весільна сукня

ثوب الزفاف

костюм

طقم

нічна сорочка

قميص نوم

піжама

بيجاما

сарі

ساري

головна хустка

حجاب

чалма

عمامة

бурка

برقع

кафтан

قفطان

абая

عباءة

купальник

مايوه

плавки

سروال سباحة

шорти

شرت

тренувальний костюм

بدلة رياضية

фартух

مئزر

рукавички

قفازات

гудзик

زر

окуляри

نظّارة

браслет

إسوارة

ланцюг

عقد

кільце

خاتم

сережка

قرط

шапка

طاقيّة

плічка

علاقة ثياب

капелюх

قبّعة

краватка

ربطة العنق

застібка-блискавка

سحّاب

шолом

خوذة

підтяжки

حمّالة البنطلون

шкільна форма

اللباس المدرسي

уніформа

زيّ موحّد

нагрудник

مريلة الأطفال

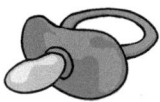

соска

مصّاصة

підгузок

لفافة

офіс

مكتب

сервер

المخّدم

шаф для документів

خزانة الملفات

принтер

طابعة

папір

ورقة

монітор

شاشة

миша

فأرة

папка

ملف

письмовий стіл

طاولة المكتب

синтезатор

لوحة المفاتيح

кошик для паперу

قماما

комп'ютер

حاسوب

стілець

كرسي

кавовий кухоль

كأس من القهوة

калькулятор

الآلة الحاسبة

інтернет

الإنترنت

ноутбук

الحاسوب المحمول

лист

رسالة

повідомлення

خبر

мобільний телефон

الهاتف المحمول

мережа

شبكة

копіювальний пристрій

جهاز تصوير

програмне забезпечення

البرمجيات

телефон

هاتف

розетка

مقبس كهرباني

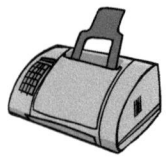

факс

فاكس

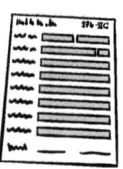

бланк

استمارة

документ

وثيقة

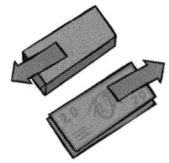

купувати

يشتري

платити

يدفع

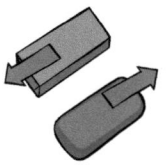

торгувати

يتاجر

гроші

مال

долар

دولار

євро

يورو

ієна

ين

рубль

روبل

франк

فرنك سويسري

юанів женьміньбі

يوان

рупія

روبية

банкомат

صرّاف آلي

обмінний пункт

مكتب صرافة

золото

ذهب

срібло

فضة

нафта

نفط

енергія

طاقة

ціна

سعر

контракт

عقد

податок

ضريبة

акція

سهم

працювати

يعمل

працівник

موظف

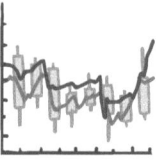

роботодавець

رب العمل

фабрика

مصنع

магазин

متجر

професії

المِهَن

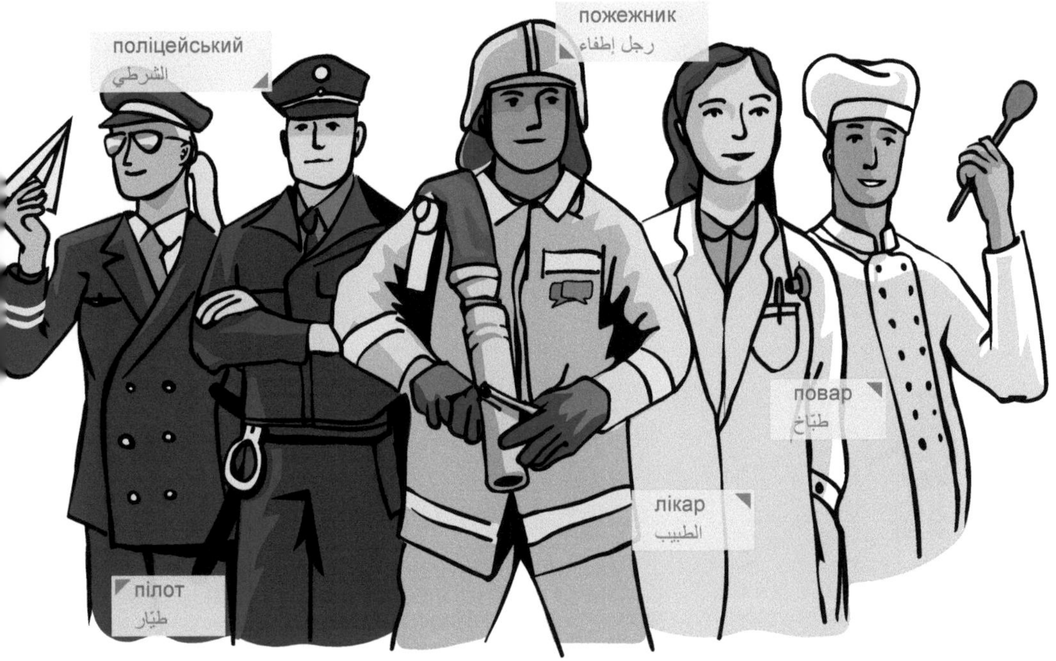

поліцейський
الشرطي
пожежник
رجل إطفاء
повар
طبّاخ
лікар
الطبيب
пілот
طيّار

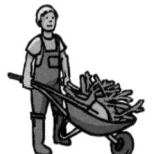

садівник

بستاني

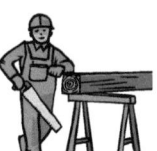

столяр

نجّار

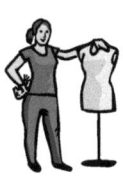

швачка

خيّاطة

суддя

قاض

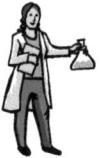

хімік

كيميائي

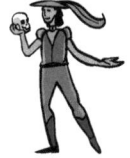

актор

ممثل

водій автобуса

سائق حافلة

таксист

سائق تاكسي

рибалка

صياد سمك

прибиральниця

أجيرة للتنظيف

покрівельник

بناء سقف

офіціант

نادل

мисливець

صياد

художник

رسّام

пекар

خباز

електрик

كهربائي

будівельник

عامل بناء

інженер

مهندس

забійник

لحّام

бляхар

سمكري

листоноша

ساعي البريد

солдат

جندي

архітектор

مهندس معماري

касир

أمين صندوق

флорист

بائع الزهور

перукар

حلاق

кондуктор

مراقب القطار

механік

ميكانيكي

капітан

قبطان

дантист

طبيب أسنان

вчений

رجل العلم

рабин

حاخام

імам

إمام

монах

راهب

пастор

كاهن

інструменти

عدة عمل

щипці
كمّاشة
молоток
مطرقة
викрутка
مفك البراغي
кишеньковий л
مصباح يد
гайковий ключ
مفتاح ربط

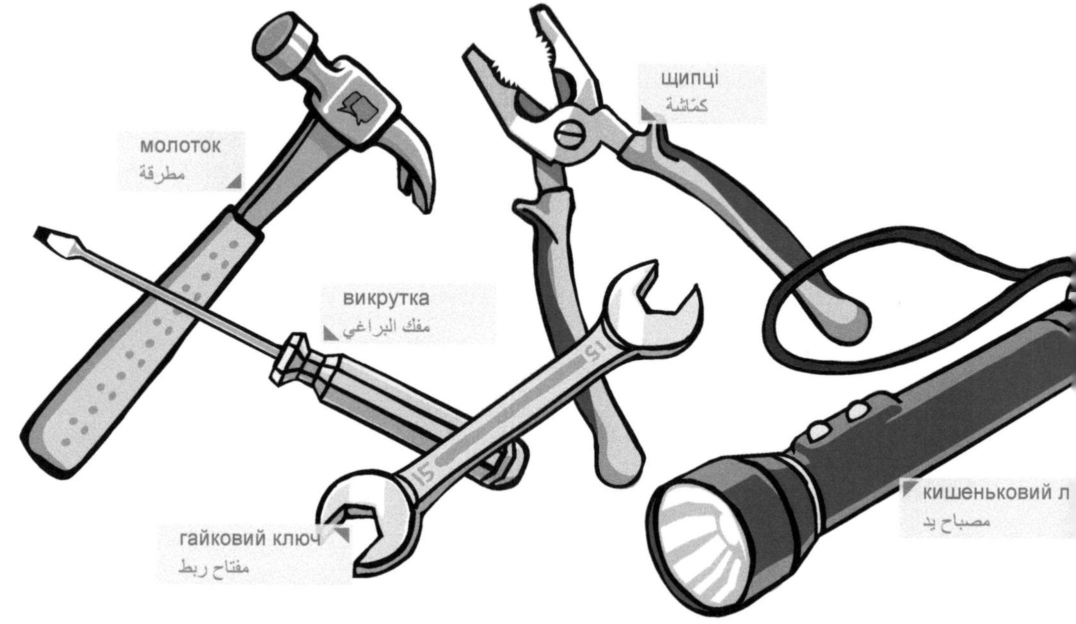

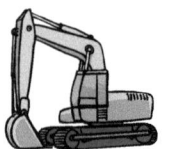

екскаватор

جرافة

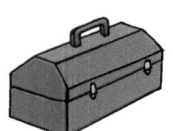

ящик для інструментів

صندوق العدة

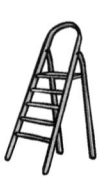

драбина

سلّم

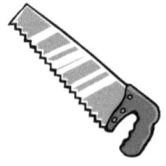

пилка

منشار

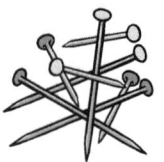

цвяхи

مسامير

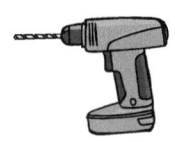

свердло

مثقب

ремонтувати

يصلح

лопата

مجرفة

лайно!

اللعنة

совок

لقاطة الكناسة

відро з фарбою

سطل الألوان

гвинти

براغي

музичні інструменти
آلات موسيقية

динамік
مكبر الصوت

ударна установка
آلات الإيقاع

гітара
غيتار

контрабас
كمان أجهر

труба
بوق

фортепіано

بيانو

скрипка

كمنجة

бас

جهير

литаври

طبل كبير

барабан

طبل

клавіатура

بيانو كهرباني

саксофон

ساكسوفون

флейта

ناي

мікрофон

ميكروفون

зоопарк
حديقة حيوانات

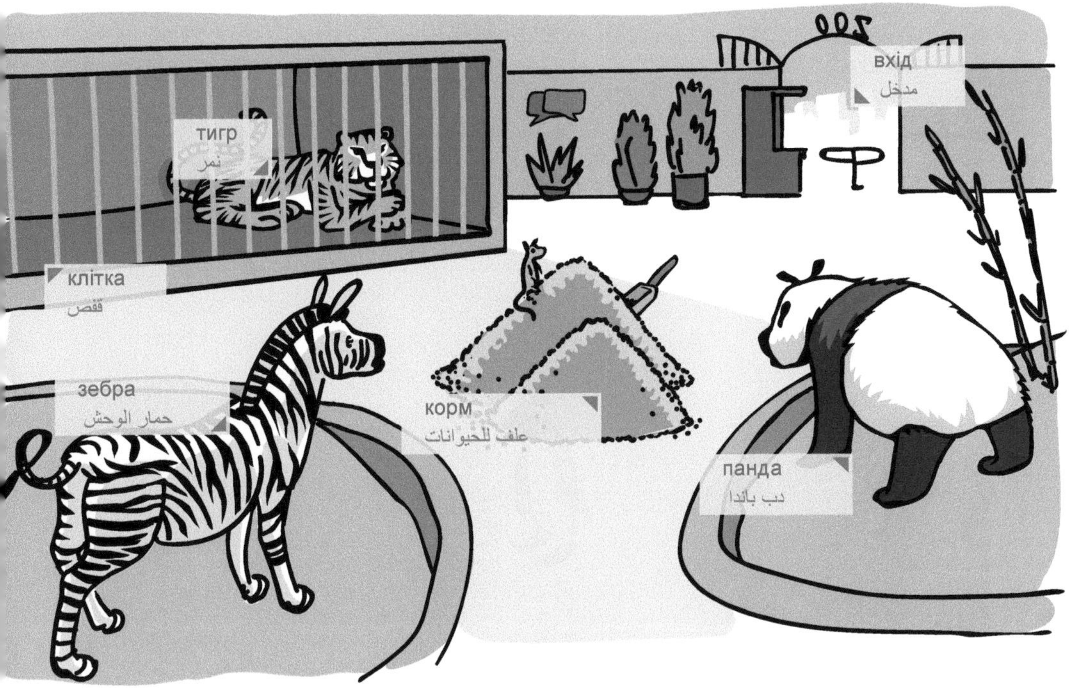

вхід
مدخل
тигр
نمر
клітка
قفص
зебра
حمار الوحش
корм
علف للحيوانات
панда
دب باندا

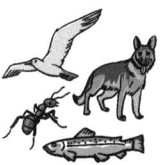

тварини

حيوانات

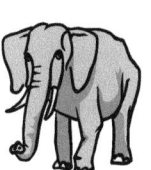

слон

فيل

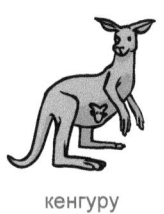

кенгуру

كنغر

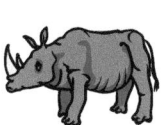

носоріг

وحيد القرن

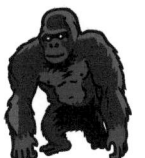

горила

غوريلا

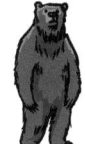

ведмідь

دب

верблюд

جمل

страус

نعامة

лев

أسد

мавпа

قرد

фламінго

طائر فلامينغو

папуга

ببغاء

білий ведмідь

دب قطبي

пінгвін

بطريق

акула

سمك القرش

павич

طاووس

змія

أفعى

крокодил

تمساح

працівник зоопарку

حارس في حديقة الحيوان

тюлень

عجل البحر

ягуар

نمر أمريكي مرقط

поні

فرس قزم

леопард

نمر

гіпопотам

فرس النهر

жираф

زرافة

орел

نسر

кабан

خنزير برّي

риба

سمك

черепаха

سلحفاة

морж

حيوان فظ البحري

лисиця

ثعلب

газель

غزال

американський футбол
كرة القدم الأمريكية

їзда на велосипеді
ركوب الدراجات

теніс
كرة التنس

баскетбол
كرة السلة

плавання
السباحة

бокс
الملاكمة

хокей
هوكي الجليد

футбол

كرة القدم

бадмінтон

الريشة الطائرة

легка атлетика

ألعاب القوى الخفيفة

гандбол

كرة اليد

лижні перегони

التزلج على الثلج

поло

بولو

дії

نشاطات

сміятися
يضحك
стрибати
يقفز
обіймати
يعانق
йти
يمشي
співати
يغنّي
мріяти
يحلم
молитися
يصلّي
цілувати
يقبل

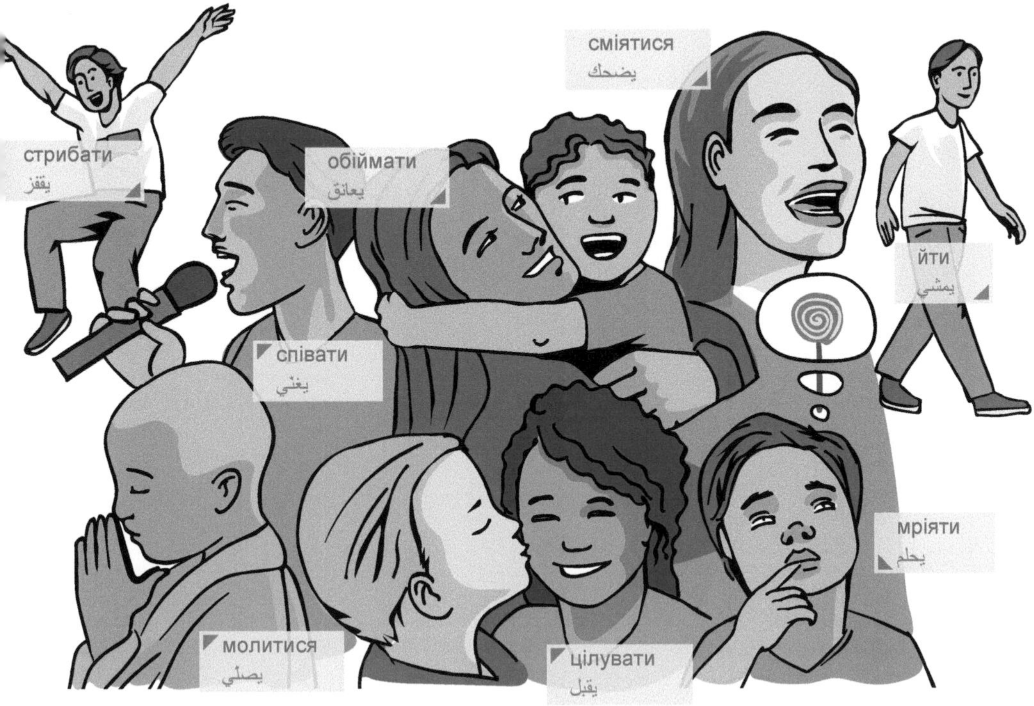

писати

يكتب

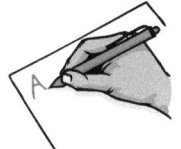

малювати

يرسم

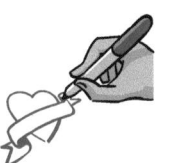

показувати

يُري

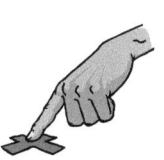

тиснути

يدفع

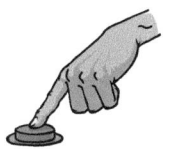

давати

يعطي

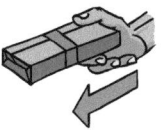

брати

يأخذ

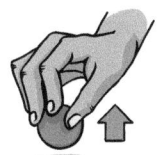

мати

يملك

робити

يعمل

бути

يوجد

стояти

يقف

бігати

يركض

тягнути

يسحب

кидати

يرمي

падати

يَقع

лежати

يستلقي

очікувати

ينتظر

носити

يحمل

сидіти

يجلس

одягати

يلبس

спати

ينام

просипатися

يستيقظ

дивитися

ينظر إلى ..

плакати

يبكي

гладити

يمسّد

розчісувати

يمشّط

розмовляти

يتكلم

розуміти

يفهم

питати

يسأل

слухати

يسمع

пити

يَشْرب

їсти

ياكل

прибирати

يرتب

любити

يحب

варити

يطبخ

їхати

يقود

літати

يطير

نشاطات - дії

65

йти під вітрилом

يبحر بزورق شراعي

рахувати

يحسب

читати

يقرأ

вчитися

يتعلم

працювати

يعمل

одружуватися

يتزوج

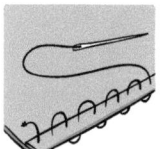

шити

يخيط

чистити зуби

ينظف أسنانه

убивати

يقتل

курити

يدخّن

посилати

يرسل

сім'я
عائلة

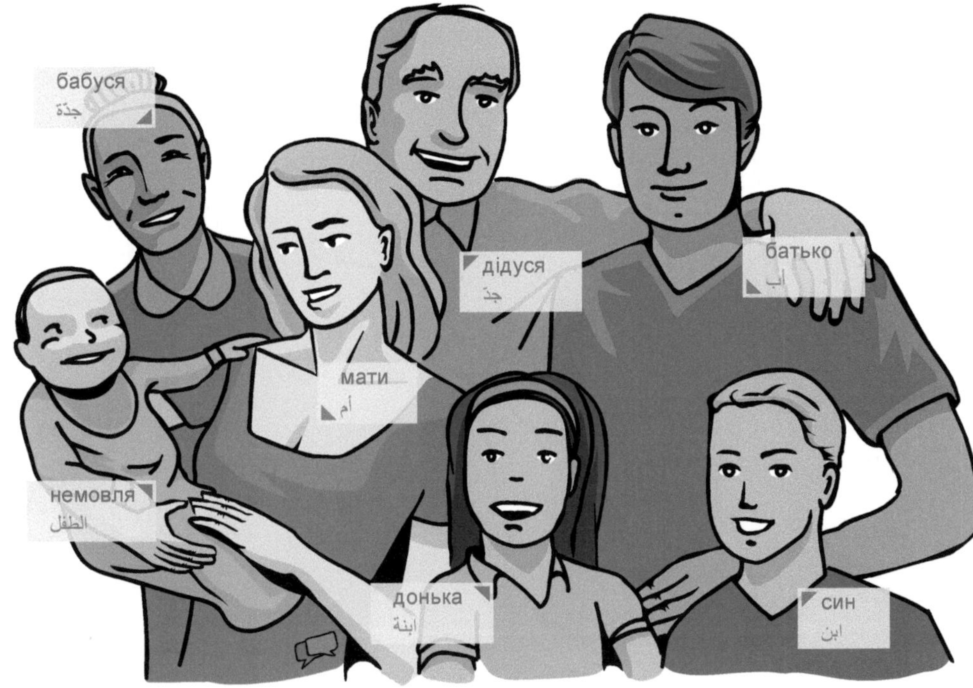

бабуся
جدّة
дідуся
جدّ
батько
أب
мати
أم
немовля
الطفل
донька
ابنة
син
ابن

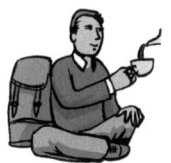

гість
....
ضيف

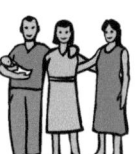

тітка
....
عمّة / خالة

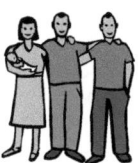

дядько
....
عمّ / خال

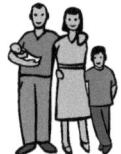

брат
....
أخ

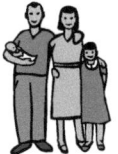

сестра
....
أخت

тіло

الجسم

чоло
الجبين
око
العين
плече
الكتف
палець
الإصبع
обличчя
الوجه
підборіддя
الذقن
кисть
اليد
груди
الصدر
нога
الساق
рука
الذراع

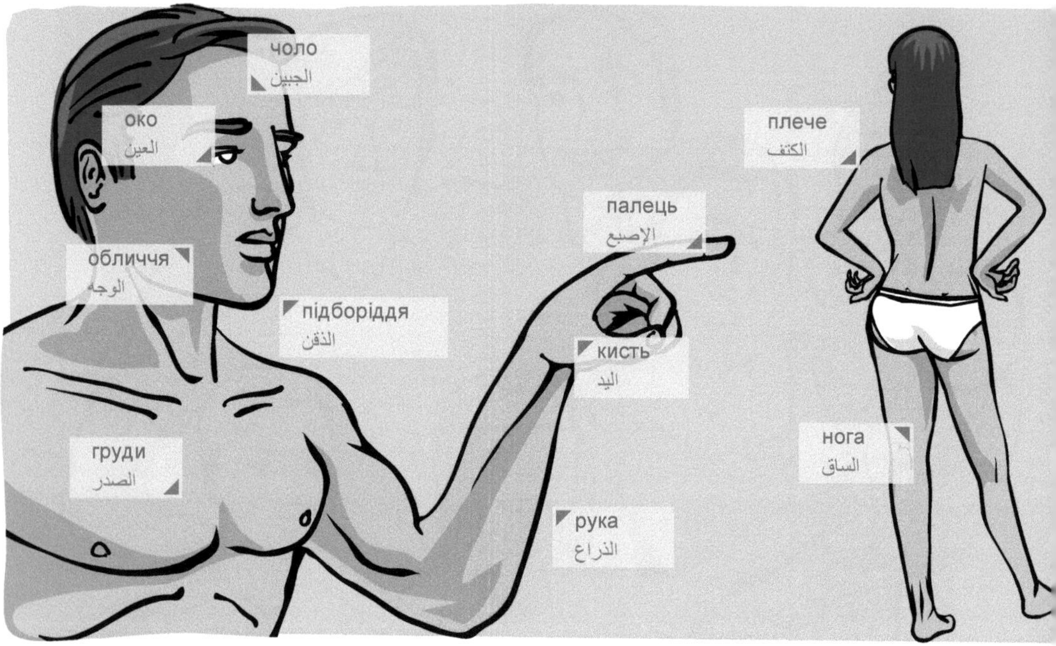

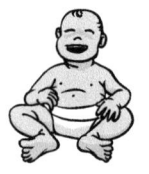

немовля

الطفل

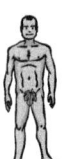

чоловік

الرجل

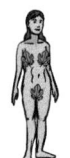

жінка

المرأة

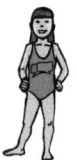

дівчина

البنت

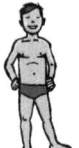

хлопчик

الولد

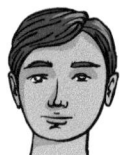

голова

الرأس

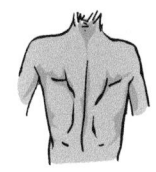

спина

الظهر

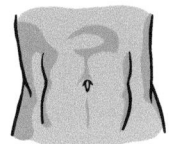

живіт

البطن

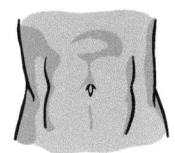

пуп

السرّة

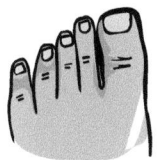

палець ноги

إصبع القدم

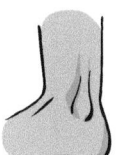

п'ята

الكعب

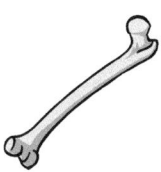

кістка

العظم

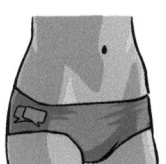

стегно

الورك

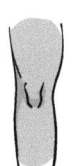

коліно

الركبة

лікоть

المِرفق

ніс

الأنف

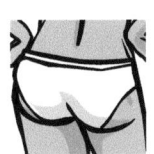

сідниці

العَجُز

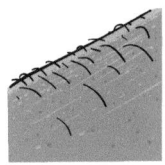

шкіра

البشرة

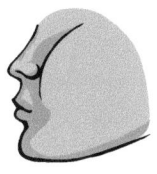

щока

الخد

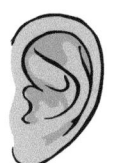

вухо

الأذن

губа

الشفة

рот

الفم

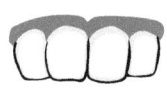

зуб

السن

язик

اللسان

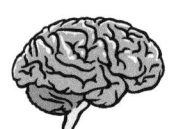

мозок

الدماغ

серце

القلب

м'яз

العضلة

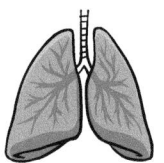

легені

الرئة

печінка

الكبد

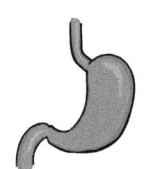

шлунок

المعدة

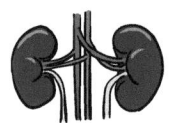

нирки

الكلى

статевий акт

الاتصال الجنسي

презерватив

الواقي المطاطي

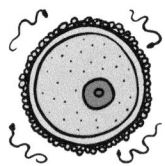

яйцеклітина

البويضة

сперма

المنيّ

вагітність

الحمل

травма

إصابة

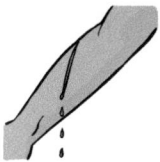

кровотеча

النزيف

інфаркт

احتشاء القلب

інсульт

جلطة

алергія

حساسية

кашель

السعال

лихоманка

الحُمَّى

грип

إنفلونزا

пронос

الإسهال

головна біль

وجع الرأس

рак

السرطان

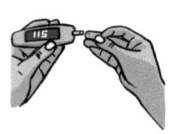

діабет

مرض السكر

хірург

جرّاح

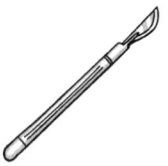

скальпель

مبضع

операція

عملية

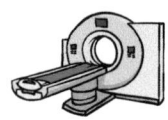

КТ

سيتي سكان

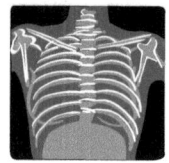

рентген

الأشعة السينية

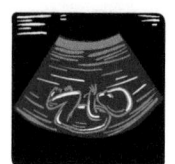

ультразвук

فوق الصوتي

маска

القناع

хвороба

المرض

зал очікування

غرفة الانتظار

милиця

العُكّاز

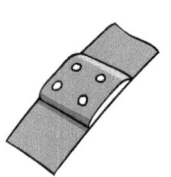

пластир

شريط لاصق

пов'язка

ضماد

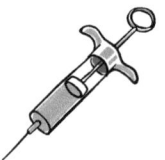

ін'єкція

حقنة

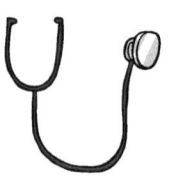

стетоскоп

سمّاعة الطبيب

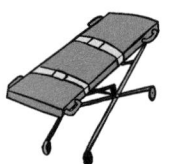

ноші

نقالة

термометр

ميزان حرارة

народження

ولادة

надмірна вага

وزن زائد

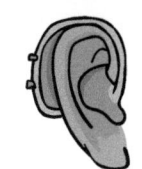

слуховий апарат

جهاز السمع

дезінфікуючий засіб

المواد المعقمة

інфекція

عدوى

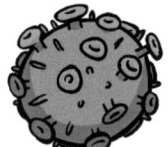

вірус

فيروس

ВІЛ / СНІД

الإيدز

медицина

الطب

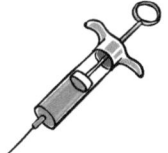

вакцинація

اللقاح

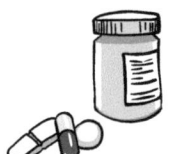

таблетки

أقراص الدواء

протизаплідна пігулка

حبّة الدواء

екстрений виклик

نداء النجدة

тонометр

مقياس ضغط الدم

хворий / здоровий

مريض / صحيح

Допоможіть!	сигнал тривоги	напад
النجدة!	إنذار	اعتداء

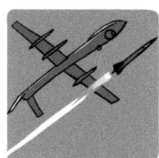

атака	небезпека	аварійний вихід
هجوم	خطر	مخرج طوارئ

Вогонь!	вогнегасник	аварія
حريق!	جهاز الإطفاء	حادث

аптечка	СОС	поліція
حقيبة الإسعاف الأولي	أنقذونا	الشرطة

Європа

أوروبا

Північна Америка

أمريكا الشمالية

Південна Америка

أمريكا الجنوبية

Африка

أفريقيا

Азія

آسيا

Австралія

أستراليا

Атлантика

المحيط الأطلسي

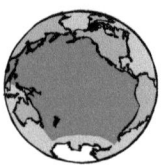

Тихий океан

المحيط الهادي

Індійський океан

المحيط الهندي

Антарктичний океан

المحيط المتجمد الجنوبي

Північний Льодовитий
океан

المحيط المتجمد الشمالي

Північний полюс

القطب الشمالي

Південний полюс

القطب الجنوبي

Антарктика

منطقة القطب الجنوبي

Земля

أرض

суша

بر

море

بحر

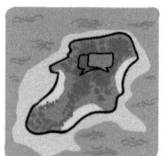

острів

جزيرة

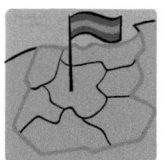

нація

أمة

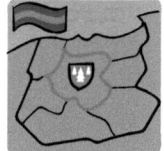

держава

دولة

циферблат

ميناء الساعة

годинникова стрілка

عقرب الساعات

хвилинна стрілка

عقرب الدقائق

секундна стрілка

عقرب الثواني

Котра година?

كم الساعة الآن؟

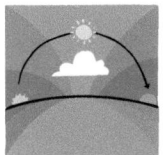

день

يوم

час

زمن

зараз

الآن

цифровий годинник

ساعة رقمية

хвилина

دقيقة

година

ساعة

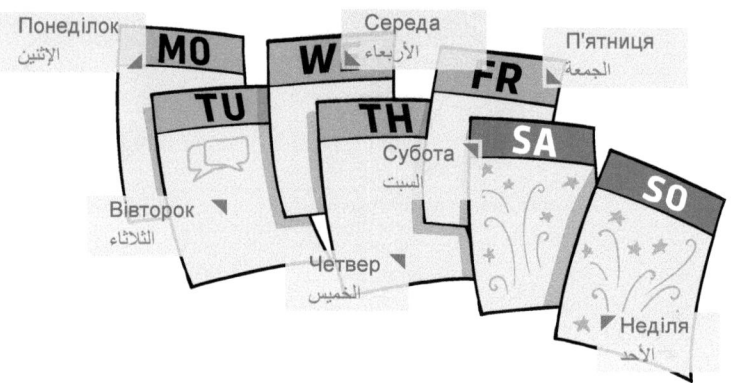

Понеділок — الإثنين
MO

Середа — الأربعاء
W

П'ятниця — الجمعة
FR

TU

TH

SA

SO

Вівторок — الثلاثاء

Субота — السبت

Четвер — الخميس

Неділя — الأحد

вчора

الأمس

сьогодні

اليوم

завтра

غداً

ранок

الصباح

опівдні

الظهر

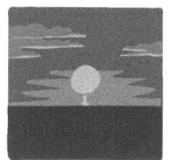

вечір

المساء

робочі дні

أيام العمل

кінець робочого тижня

نهاية الأسبوع

рік

سنة

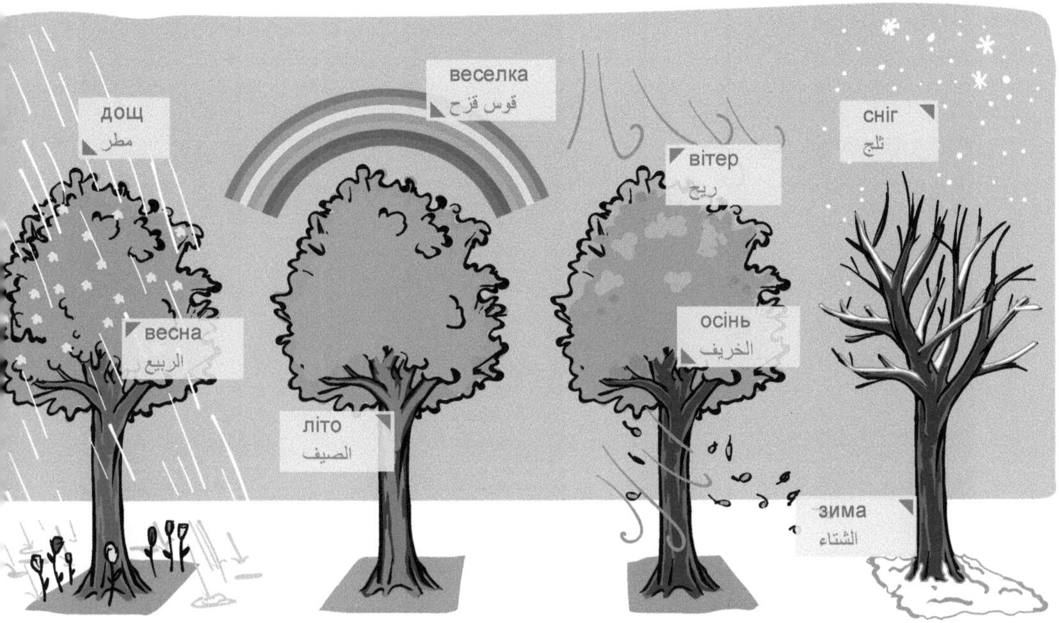

дощ
مطر
веселка
قوس قزح
вітер
ريح
сніг
ثلج
весна
الربيع
літо
الصيف
осінь
الخريف
зима
الشتاء

4.APRIL 11°
5.APRIL 4°
6.APRIL 13°
7.APRIL 8°
8.APRIL 10°

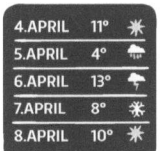

прогноз погоди

....

التنبّؤ بالحالة الجوية

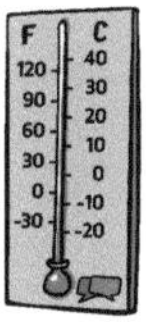

F
C
120
90
60
30
0
-30
40
30
20
10
0
-10
-20

термометр

....

مقياس حرارة

сонячне світло

....

ضوء الشمس

хмара

....

سحابة

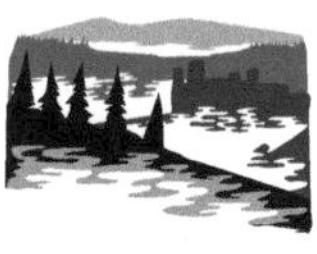

туман

....

ضباب

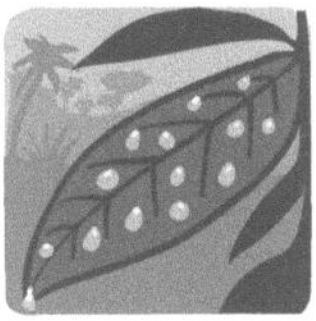

вологість повітря

....

رطوبة الجو

блискавка
....
برق

грім
....
رعد

шторм
....
عاصفة

град
....
بَرَد

мусон
....
ريح موسمية

повінь
....
طوفان

лід
....
جليد

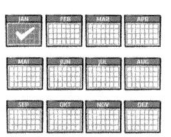

Січень
....
كانون الثاني / يناير

Лютий
....
شباط / فبراير

Березень
....
آذار / مارس

Квітень
....
نيسان / أبريل

Травень
....
أيار / مايو

Червень
....
حزيران / يونيو

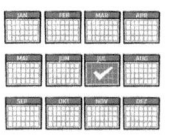

Липень
....
تموز / يوليو

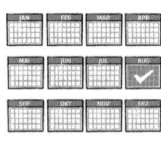

Серпень
....
آب / أغسطس

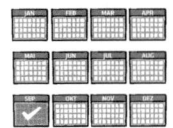

Вересень

أيلول / سبتمبر

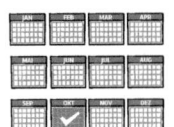

Жовтень

تشرين الأول / أكتوبر

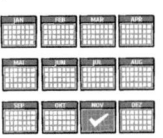

Листопад

تشرين الثاني / نوفمبر

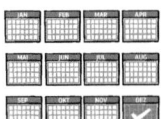

Грудень

كانون الأول / ديسمبر

форми

أشكال

круг

دائرة

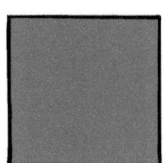

квадрат

مربّع

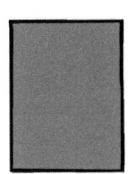

прямокутник

مستطيل

трикутник

مثلث

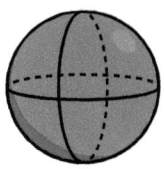

куля

كرة

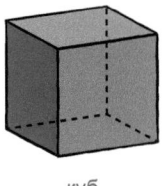

куб

مكعب

білий

أبيض

жовтий

أصفر

помаранчевий

برتقالي

рожевий

وردي

червоний

أحمر

фіолетовий

بنفسجي

синій

أزرق

зелений

أخضر

коричневий

بني

сірий

رمادي

чорний

أسود

багато / мало

كثير / قليل

лютий / мирний

غضبان / هادئ

гарний / бридкий

جميل / قبيح

початок / кінець

بداية / نهاية

великий / малий

كبير / صغير

світлий / темний

فاتح / قاتم

брат / сестра

أخ / أخت

чистий / брудний

نظيف / وسخ

завершений /
незавершений

كامل / ناقص

день / ніч

نهار / ليل

мертвий / живий

ميت / حيّ

широкий / вузький

عريض / ضيّق

їстівний / неїстівний

صالح للأكل / غير صالح

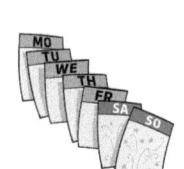

злий / дружній

شرّير / لطيف

збуджений / нудьгуючий

مثير / ممل

товстий / тонкий

سمين / نحيف

спочатку / востаннє

أولاً / أخيراً

друг / ворог

صديق / عدو

повний / порожній

مليء / فارغ

жорсткий / м'який

صلب / ليّن

важкий / легкий

ثقيل / خفيف

голод / спрага

جوع / عطش

хворий / здоровий

مريض / صحيح

незаконний / законний

غير شرعي / شرعي

розумний / дурний

ذكي / غبي

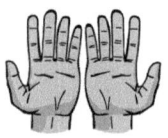

вліво / вправо

يسار / يمين

поруч / далеко

قريب / بعيد

новий / використаний

جديد / مستعمل

нічого / щось

لا شيء / بعض الشيء

старий / молодий

مسين / شاب

вкл / викл

يشعل / يطفئ

відкрито / закрито

مفتوح / مغلق

тихо / гучно

خافت / عالٍ

багатий / бідний

غني / فقير

правильно / неправильно

صح / خطأ

шорсткий / гладкий

أخرش / أملس

сумний / щасливий

حزين / سعيد

короткий / довгий

قصير / طويل

повільно / швидко

بطيء / سريع

вологий / сухий

مبلول / جاف

гарячий / холодний

ساخن / بارد

війна / мир

حرب / سلم

0

нуль

صفر

1

один

واحد

2

два

اثنان

3

три

ثلاثة

4

чотири

أربعة

5

п'ять

خمسة

6

шість

ستة

7

сім

سبعة

8

вісім

ثمانية

9

дев'ять

تسعة

10

десять

عشرة

11

одинадцять

أحد عشر

12

дванадцять

اثنا عشر

13

тринадцять

ثلاثة عشر

14

чотирнадцять

أربعة عشر

15

п'ятнадцять

خمسة عشر

16

шістнадцять

ستة عشر

17

сімнадцять

سبعة عشر

18

вісімнадцять

ثمانية عشر

19

дев'ятнадцять

تسعة عشر

20

двадцять

عشرون

100

сто

مائة

1.000

тисяча

ألف

1.000.000

мільйон

مليون

англійська

الإنكليزية

американська англійська

الإنكليزية الأمريكية

китайська
високочиновницька

لغة ماندارين الصينية

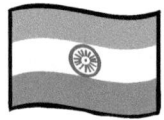

хінді

الهندية

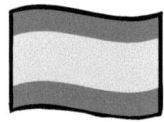

іспанська

الإسبانية

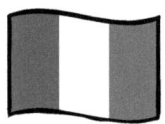

французька

الفرنسية

арабська

العربية

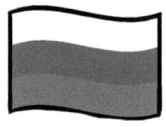

російська

الروسية

португальська

البرتغالية

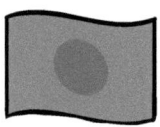

бенгальська

البنغالية

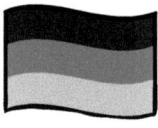

німецька

الألمانية

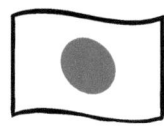

японська

اليابانية

я

أنا

ти

أنت

він / вона / воно

هو / هي

ми

نحن

ви

أنتم

вони

هم

хто?

من؟

що?

ماذا؟

як?

كيف؟

де?

أين؟

коли?

متى؟

ім'я

اسم

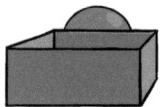

ззаду

خلف

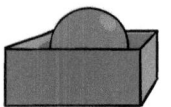

в

في

перед

أمام

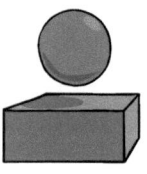

над

فوق

на

على

під

تحت

біля

جنب

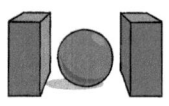

між

بين

місце

مكان